ÉMILE CLAIRIN

MBRE DU COMITÉ D'ÉTUDES HISTORIQUES DU BARREAU DE PARIS

LE
PALAIS DE JUSTICE D'AUTREFOIS

LE JARDIN DU ROI,
L'HOTEL DE LA PREMIÈRE PRÉSIDENCE
ET LEURS HOTES
AUX XVIIᵉ ET XVIIIᵉ SIÈCLES

Extrait de « La Nouvelle Revue » des 15 mai, 1ᵉʳ et 15 juin 1922

PRIX : **2** FR.

PARIS

ÉDITIONS DE **LA NOUVELLE REVUE**

80, RUE TAITBOUT, 80

1922

ÉMILE CLAIRIN

MEMBRE DU COMITÉ D'ÉTUDES HISTORIQUES DU BARREAU DE PARIS

LE

PALAIS DE JUSTICE D'AUTREFOIS

**LE JARDIN DU ROI,
L'HOTEL DE LA PREMIÈRE PRÉSIDENCE
ET LEURS HOTES
AUX XVIIe ET XVIIIe SIÈCLES**

Extrait de » La Nouvelle Revue » des 15 mai, 1er et 15 juin 1922

PARIS

ÉDITIONS DE LA NOUVELLE REVUE

80, RUE TAITBOUT, 80

1922

PALAIS DE JUSTICE

D'AUTREFOIS

LE JARDIN DU ROI
L'HOTEL DE LA PREMIÈRE PRÉSIDENCE
ET LEURS HOTES
AUX XVIIe ET XVIIIe SIÈCLES

Le jardin du Roi couvrit primitivement toute la pointe
de l'île de la Cité. Entouré par les deux bras du fleuve qui
se rejoignaient à son extrémité, il était borné à l'Est par
la Conciergerie et le rez-de-chaussée du Palais des Rois, et
cette rue tortueuse qui menait de la cour de la Sainte-
Chapelle à l'Abreuvoir, sur le petit bras de la Seine. Il
occuperait aujourd'hui l'espace compris entre la Chambre
des appels correctionnels jusqu'aux premières maisons de
la place Dauphine sur le Pont-Neuf.

Mais l'île n'a pas dû avoir toujours une extension aussi
grande à l'Ouest. Au temps des Romains, sa limite, de ce
côté, devait s'arrêter quelque part au milieu des bâtiments
du Palais de Justice, sur la cour du Mai ; car c'est seulement dans cette région et dans la cour de la Sainte-Chapelle que l'on a retrouvé colonnes, chapiteaux, bas-reliefs,
etc., vestiges des édifices construits alors, quoique tout le
reste du terrain vers le Pont-Neuf ait été singulièrement
fouillé depuis trois siècles. Le mur d'enceinte du IXe siècle
qui défendit Paris contre les Normands et dont on a retrouvé
la trace en creusant les caves des maisons de la rue du
Cloître-Notre-Dame, à côté du pont Saint-Louis, et un peu

plus loin, dans la rue de la Colombe, devait suivre le même tracé.

Dès lors, on gagna peu à peu sur le fleuve très étale, qui à ce confluent formait des atterrissements, puis des îles. C'est sur ces accroissements que fut élevé, fin du xe siècle ou commencement du xie, sous Robert le Pieux, ce *palatium insigne*, dont parle le moine Helgaldus, en rapportant les faits et gestes de ce roi et l'on a dû aménager à la suite le premier espace qui reçût des plantes : cette nouvelle limite de l'île est indiquée par les murailles construites alors.

On constate en effet dans une des miniatures des *Riches heures du duc de Berry* conservées au Musée Condé à Chantilly et représentant les Palais et le jardin, une solution de continuité dans la muraille du Palais, du côté du petit bras. Très élevée (seize pieds, dit Félibien) quand elle touche aux habitations, elle forme tout à coup un angle rentrant très prononcé et inexplicable, puis elle diminue de hauteur pour rejoindre la maison des Étuves. Cette dernière partie des murs daterait de Charles V. En examinant la miniature des frères Limbourg, on a l'impression que la muraille de Robert le Pieux a été détruite à l'ouest, pour pouvoir utiliser des atterrissements nouveaux formés par le fleuve.

Trois d'entre eux, cependant, sont restés en dehors ou sont d'une formation plus récente. L'un, tout en longueur, de la pointe de la Cité à la Conciergerie, sur le grand bras, ne reçut pas de nom et Charles VIII s'en servit pour agrandir le jardin et lui faire « un boulevert », comme dit Sauval, contre les grandes crues. Voilà pourquoi de ce côté n'ont pas subsisté, comme sur le petit bras, des restes des vieilles murailles primitives. Deux autres appelés l'île aux Treilles et l'île du Passeur-aux-Vaches appartenaient à la Censive de l'abbaye Saint-Germain-des-Prés. Ils furent réunis à la Cité, sous Henri II, sans avoir d'ailleurs jamais fait partie du jardin, quand on commença à parler de l'érection du Pont-Neuf.

Cette muraille d'enceinte était crénelée.

De cet ornement, très fréquent cependant au moyen âge, et aussi bien à cause des tours qui flanquent encore les bâtiments sur la rive droite, on a conclu que le Palais, avant d'être demeure des Rois, puis temple de Justice, avait dû servir de château fort. Cette opinion persiste même chez certains auteurs contemporains. Ce n'est qu'une légende.

Ces créneaux ne peuvent être considérés comme un système de fortification : il leur manquait l'essentiel : une plate-forme pour recevoir des défenseurs et leur permettre de tirer l'arc ou l'arbalète et jeter sur les assaillants des matières enflammées ou en fusion.

Il en est de même pour les tours.

Les trois rondes, dont les noms d'ailleurs datent seulement du XVIIe siècle et que l'on voit encore aujourd'hui sur le quai de l'Horloge, alors qu'avant 1613 la Seine arrosait leur base, avaient toutes trois un but symbolique.

La Tour Bonbec, crénelée elle aussi, affirmait la suzeraineté du roi. Elle s'élevait à l'entrée de la vaste salle bâtie par saint Louis dont elle a toujours gardé le nom, pour recevoir l'aveu de ses vassaux.

Les tours de César et d'Argent, construites par Philippe Auguste en même temps que l'édifice où il installa les appels au Roi, affirmaient la suprématie de la justice royale sur toutes les justices laïques et ecclésiastiques.

D'ailleurs, par leur rapprochement, alors que l'enceinte, sauf depuis Philippe le Bel, dans les rues Saint-Barthélemy et de la Barillerie, n'en avait pas d'autres ; par leur aménagement, sans machicoulis, archières, arbalétrières, etc., il est évident qu'elles n'ont jamais servi de moyens de défense.

Les deux tours jumelles, il est vrai, ont été considérées comme les gardiennes fidèles de l'entrée principale du Château royal !! Or, il n'y a jamais eu de porte entre elles puisqu'il ne s'y trouvait pas de chemin pour y conduire et que la grève était trop étroite et d'une largeur trop changeante pour en établir un. Cette raison est péremptoire et dispense d'en énumérer d'autres qui d'ailleurs ne manquent pas.

La tour carrée de l'Horloge n'a jamais été qu'une *guette,* édifiée par Philippe le Bel pour surveiller les incendies et peut-être aussi les mouvements populaires : avant d'avoir une horloge (sous Charles V), elle abritait un tocsin sous son toit à bâtière. Elle n'a jamais eu à défendre le Grand Pont ou le Pont aux Changeurs comme on l'a imaginé.

Enfin, si le Palais avait été une forteresse au moyen âge, Robert de Meulan n'aurait pas pu le piller, en mars 1111, pendant une absence de Louis le Gros. Il s'y serait même fortifié, au lieu de s'enfuir à l'approche du Roi, revenant de Meulun en hâte et sans escorte.

Les murs du jardin, si crénelés qu'on les suppose, étaient donc une simple clôture. Élevés sur les deux rives à différentes époques, ils se rejoignaient à la maison des Étuves. Aucun document jusqu'ici n'indique quand celle-ci a été construite. On peut supposer, à cause de sa destination, qu'elle a été édifiée après les croisades, puisque de cette époque date l'usage en France de ces bains orientaux. Elle existait en 1401 ; car elle figure dans les *Riches heures.* En 1428, un inventaire « dressé par Guillaume Lamy, clerc du Roi en la Chambre des Comptes, pour M^r l'évêque de Térouanne, concierge du Palais » donne un aperçu de son contenu.

Elle était élevée de deux étages au-dessus du rez-de-chaussée avec les combles. Outre l'installation des bains, il s'y trouvait une grande salle, une chambre et un oratoire. Il devait y avoir d'autres appartements, puisque plusieurs ménages y habitèrent simultanément au xvie siècle ; mais rien ne permet d'en supputer ni l'importance ni la disposition. La grande porte, au milieu du rez-de-chaussée, ouvrait, sous un encorbellement, sur la rivière à laquelle on descendait par quelques marches.

Ces détails pourraient paraître futiles, si cette maison n'avait été témoin de deux drames historiques.

Le 13 mars 1314, Philippe le Bel y vint pour s'assurer, de ses yeux, que ses ordres étaient exécutés pour la consommation de la plus grande iniquité commise sous son règne. Il avait prescrit d'élever dans l'île aux Treilles, loin de la foule et des curieux, deux bûchers, pour y brûler vifs les derniers templiers : le grand maître Jacques de Molay, et Guy, le commandeur de Normandie. Il les avait fait enlever, quelques heures auparavant, à leurs juges naturels qui siégeaient sous le portail de Notre-Dame, trop indulgents à son gré pour ceux qu'il avait dépouillés d'accord avec le Pape. Celui-ci mourut trente jours et le roi six mois après cette odieuse exécution, comme l'avait prophétisé le Grand Maître en rendant l'âme ; mais Philippe le Bel avait eû le temps de s'excuser auprès des moines de Saint-Germain-des-Prés d'avoir violé leur censive pour commettre son crime loin des regards indiscrets.

Par cette maison également, trois siècles après, était mystérieusement introduit dans l'Enclos, un accusé de haute trahison qui avait voulu vendre à l'Espagne la couronne de France et qui allait payer sa forfaiture : le duc de Biron. Il avait été amené de la Bastille, par eau, dans un bateau fermé, de peur d'une émeute. On lui fit traverser le jardin et atteindre, par la Conciergerie, la Grand'Chambre où ses juges l'attendaient. Il y fut le jour même dégradé et condamné à avoir la tête tranchée. Il revint, par le même chemin à la Bastille où il fut exécuté.

Le plan dit de la tapisserie, actuellement au Musée Carnavalet qui date, il est vrai, du xvie siècle, montre la distribution intérieure du Jardin du Roi. Il était partagé par une longue allée perpendiculaire au Palais et par deux autres transversales, toutes trois couvertes, surchargées de treilles, comme des *pergulæ* romaines. Mais ces vignes existaient bien longtemps auparavant puisque depuis le xiie siècle le vicaire de la chapelle Saint-Michel où Philippe Auguste avait été baptisé, avait le droit de prendre annuellement deux muids sur le vin qu'elles produisaient. Elles ont fait le grand ornement du jardin jusqu'au jour où il a été détruit, non sans avoir souffert à certains moments des cérémonies qui y ont été célébrées.

Louis IX en effet y reçut l'hommage de son vassal Henri III d'Angleterre pour la Normandie et la Guyenne, au milieu de leurs deux cours fort nombreuses. Plus tard, le Parlement, malgré l'ordonnance de saint Louis, y ordonnait encore au XVIe siècle, des duels judiciaires. Pour l'un d'eux, Jean Archer, le jardinier d'alors, d'après M. J. Viard, dans son *Journal des trésoriers de Charles le Bel*, se plaignait des dévastations causées à ses plates-bandes en cette occasion et demandait le paiement de sept livres parisis, coût de la réfection.

Les premières emprises sur le jardin eurent lieu par la construction successive de la salle Saint-Louis au Nord et, le long de la future rue Galilée, de la Chambre des Comptes sous Philippe le Bel, la sixième chanoinie de la Sainte-Chapelle sous Charles VIII et une maison pour deux chapelains sous Henri II. Mais la plus importante fut celle ordonnée par Charles V.

Alors que ce prince était encore lieutenant général du royaume, pendant la captivité de son père en Angleterre, après cette terrible journée dans laquelle il vit ses appartements envahis par les gens de métier conduits par Étienne Marcel, il voulut donner au concierge du Palais, qui était son fidèle Savoisy, une autorité plus grande et des pouvoirs plus étendus. Il le nomma bailli avec droit de haute, moyenne et basse justice, tout en lui maintenant ces anciens privilèges et bénéfices ; et il le logea auprès de lui dans une maison construite dans le jardin qui reçut dès l'abord le nom d'hôtel du Bailliage : mais elle ne semble pas avoir été très vaste dans les premiers temps.

A côté d'elle, en effet, le roi se fit construire, à sa suite, quelques années plus tard, des appartements qui se rattachaient aux parties du Palais non encore envahies par les services de justice, et, en particulier, au rez-de-chaussée, consacré aux cuisines, les communs voisins du grand bras de la Seine, où se trouvaient les écuries, et les entresols qui restèrent toujours à l'état d'appartement pour les reines.

C'est ce qui ressort nettement de cet inventaire de 1428 dont nous avons parlé plus haut. L'auteur de ce document suit, dans son travail, un itinéraire bien précis. Après avoir inspecté la maison des Étuves, il vient à l'autre bout du jardin et parle « de la chambre du Concierge », « de la Salle d'emprès », « d'une autre petite chambre », puis il se rapproche du Palais et note « la grande chambre, appelée encore chambre de M' d'Orléans [celui que Jean sans Peur avait fait assassiner vingt ans auparavant dans la rue Vieille-du-Temple] », « la chapelle de la dite chambre » et il passe ensuite dans le Palais lui-même, jusqu'à mentionner les grands appartements du premier étage.

Il semble donc bien qu'à la fin du xive siècle et pendant la plus grande partie du xve, l'hôtel du bailli fut comme un prolongement des appartements royaux, qui eux-mêmes étant devenus trop restreints, se trouvèrent annexés pour ainsi dire au bailliage quand ils ne furent plus occupés par la famille royale.

A ce moment, il jouissait déjà de deux entrées : la principale au fond d'un passage entre la sixième chanoinie et la Chambre des Comptes dans la petite rue qui s'appellera plus tard de Jérusalem ; l'autre communiquant directement avec la cour des Chanoinies.

Charles VI qui s'était marié à la Sainte-Chapelle avec Isabeau de Bavière, fit quelques séjours au Palais. Il ne logea pas dans les appartements dont nous venons de parler, mais plutôt au deuxième étage, dans les galathas du roi Jean; ceux qui l'accompagnaient envahissaient tout, au grand effroi de Nicolas de Baye, le greffier en chef, qui, pour préserver ses bureaux du sans-gêne des courtisans et des officiers, ne trouva de meilleur procédé que d'en murer la porte.

Charles VII n'habita jamais le Palais. Louis XI se contenta d'y venir demander l'hospitalité à Jean de la Driesche, et à son subtil médecin Jean Coictier, présidents à la Chambre des Comptes qu'il avait successivement gratifiés des fonctions rémunératrices de Concierge du Palais. Cette

façon d'agir avait pour lui le double avantage d'être écono-
mique et d'entretenir sa popularité parmi les bourgeois.

Sous Charles VIII, il en fut différemment. Des aménagements nouveaux et de sérieux agrandissements furent
donnés aux appartements royaux établis à côté de l'hôtel
du Bailliage pour que la cour pût en faire sa demeure habituelle. Une inscription gravée à l'entrée principale indi-
quait d'une façon originale la date des travaux.

> Les lettres d'or disent l'année
> Que l'œuvre fut commencée :
> aV teMps dV roI Charles hVIct,
> CetVI hosteL sI fVt ConstrVIt

C'est Corrozet dans son livre sur *les Antiquités de Paris*
qui la mentionne et il ajoute : « Les lettres nombrables de
ce quatrain sont :

LVMICLVICVILIVCVI

Les lettres d'or, remplacées ici par des capitales donnent
le millésime suivant :

MCCCLLLVVVVVVIIIII = 1485.

Ces sortes de rébus étaient fort goûtés à cette époque.

Charles VIII y fit de plus graver ses armes. On les y
voyait encore au XVIIe siècle au dire de Sauval.

Mais il ne toucha pas au logement du bailli puisque dans
les « comptes de la prévôté, transcrits par le même auteur,
on peut lire à cette même date de 1485 la mention suivante :
« Réparations faites à la Conciergerie du Palais où demeure
« M. de Précigny, président des Comptes. »

Louis XII fit disparaître cette anomalie. Il évinça les
concierges-baillis à qui il donna un logement dans la tour
de Nesle, adjoignit au sien leur petit hôtel et François Ier,
son successeur, fit dans tout cet ensemble des améliorations
luxueuses qui démontrent son désir de rendre sa splendeur
à l'ancien palais.

Avec Henri II, les rois quittèrent définitivement cette
maison. Les baillis la reprirent ; mais cette fois miraculeu-
sement agrandie.

Aussi, lorsqu'en 1587, de Harlay acheta la charge de bailli du Palais pour son fils Robert, baron de Montglas, avec survivance pour le cadet, Christophe, il put stipuler pour lui-même qu'il pourrait finir ses jours dans cette maison, et de fait, quoiqu'il eût donné sa démission de premier Président du Parlement en 1611, il resta dans l'hôtel jusqu'en 1616 et ne le quitta que pour aller mourir deux mois après, à Beaumont-sur-Oise.

Pendant son séjour, sous le règne d'Henri IV, il se passa dans cette maison une plaisante aventure que l'abbé Blanchard raconte dans son *École des Mœurs* et qui montre la haute estime dont le Premier jouissait auprès du roi.

Dans un moment de disette, un riche partisan accaparait les blés pour faire une odieuse mais riche spéculation. Le premier Président l'envoya chercher. Le fermier général arriva à l'hôtel du bailliage, dans un carrosse aussi doré que bruyant, avec chevaux piaffants et laquais empressés. De Harlay commença par le laisser se morfondre pendant une demi-heure dans son antichambre, puis il le fit entrer ; et, sans le faire asseoir : « Monsieur, lui dit-il, j'ai appris que, vous prévalant de la cherté des blés, vous en faisiez de grands amas. Vous prétendez vous enrichir de la misère publique. Si tous ces blés ne sont pas vendus dans un mois, je vous ferai pendre. » Le financier dont la vanité d'abord et la cupidité ensuite, avaient été mises à une telle épreuve, courut se plaindre au Louvre : « Je vous conseille, lui dit Henri IV, d'exécuter les ordres qu'il vous a prescrits ; car s'il vous a menacé de vous faire pendre, il le fera comme il le dit. »

De Harlay était certes un magistrat d'une énergie peu commune et sachant dire au besoin la vérité non seulement aux justiciables, mais aussi à ses collègues, pour maintenir la discipline morale de la Compagnie.

Lorsque le système de « La Paulette » vint aggraver la corruption qu'au xvie siècle la vénalité des charges avait introduite dans les rangs de la magistrature, il ne craignit pas en 1607, d'infliger une dure mercuriale à ceux qui la méritaient. Il leur reprocha leurs débauches et qualifia quelques-uns d'entre eux de « berlandiers » et de « bandouliers » : « C'est, dit-il, grande honte de dire que des gens qui, toute la nuit ont manié des cartes et des dés, viennent effrontément le matin à la Cour pour juger de la vie et des biens des hommes. »

Qu'on étudie son caractère, à toutes les phases de sa vie, on le trouve toujours aussi inébranlable dans le devoir.

Le 13 mai 1588, la journée des barricades ayant fait fuir Henri III du Louvre, le duc de Guise était maître de la place ; mais il était incertain du lendemain. Il vint dans la soirée (de l'Estoile dit vers 4 h.), demander au Premier Président d'empêcher la réunion du Parlement les jours suivants. La scène eut lieu dans le jardin du Roi : c'est là que de Harlay le reçut. Il repoussa la requête avec hauteur : « C'est grand'pitié quand le valet chasse le maître, dit-il. Du reste mon âme est à Dieu ; mon cœur est à mon roi, et mon corps entre les mains des méchants : que l'on fasse de moi ce que l'on voudra. » Quelques jours après il était à la Bastille.

Pendant l'absence du Premier et de ses fils, on voit Vitry user de l'hôtel : fut-ce au titre de bailli ? ou de simple occupant par les lois de la guerre ? Ce qui est certain, c'est que pendant la mascarade d'États généraux au Louvre, il donna un grand banquet en l'honneur de Mayenne. De l'Estoile en parle avec l'amertume d'un ventre affamé : « La disette, presque la famine, angoissait la Ville... et l'on vit sur la table du festin, un brochet de dix-huit écus ! » Ce poisson, remarquable par son prix et probablement aussi par sa grosseur, n'empêcha pas Vitry de devenir capitaine des gardes de Henri IV. Mais, si le Béarnais avait le talent politique de retenir dans son camp les palinodies intéressées, il savait aussi récompenser la fidélité éprouvée.

Pendant la construction du Pont-Neuf, lorsque fut décidé le percement d'une voie au travers du couvent des Augustins qui devint la rue Dauphine, le Roi fit à de Harlay, en mars 1607, une concession entre les deux rives du fleuve, de « trois mille cent vingt thoises et demie, moyennant un cens annuel d'un sol par thoise et à charge d'y faire bâtir des maisons » suivant les plans et devis que devait dresser Sully.

Ce fut le premier morcellement subi par le jardin.

Les deux quais appelés depuis de l'Horloge et des Orfèvres allaient être construits [1] pour rejoindre la rue de la Barillerie, devant le Palais, au Pont-Neuf. Ils abattaient, de chaque côté, la moitié des murs de clôture : et la maison des Étuves, déjà presque enfouie, disparut.

C'est là qu'avait habité au xvi⁰ siècle Germain Pilon, le célèbre sculpteur, quand il fut nommé contrôleur général des Monnaies, afin de mieux surveiller la frappe mécanique, nouvellement inventée, du moulin de la Gourlaine, à proximité de l'île de ce nom. Il y avait vécu en bonnes relations avec son co-locataire Jean Lappe, jardinier du Roi, à cette époque, personnage d'importance, dont le dernier successeur fut le fameux Robin, propagateur en France du robinier ou faux acacia.

Les treilles couvraient toujours de leurs ombrages les grandes allées. On les voit symboliques au frontispice d'un ouvrage qui a pour titre : « Le jardin du roi très-chrétien Henri IV » que garde la Bibliothèque nationale et qui fut publié sur l'ordre de Marie de Médicis avec les dessins de Vallet, son brodeur.

Cet ouvrage mentionne uniquement les fleurs qu'avait cultivées Robin comme des raretés en ce temps-là, mais fort répandues aujourd'hui. Dans la suite des planches, on trouve quatorze variétés d'anémones, onze de jonquilles, neuf de renoncules, trente de narcisses, six de colchiques, la frilaire dite couronne impériale, tulipes, chèvrefeuilles, lis, cyclamens, pivoines, etc. ; on ne peut les nommer toutes ; mais une observation s'impose : Robin, habile dans son métier, semble avoir mis dans ces terres à base marécageuse, où les eaux de Seine s'infiltraient perpétuellement, seulement des espèces exigeant un sol humide.

---

1. Ils furent terminés en 1613 et la ville fit frapper une médaille commémorative à cette occasion.

Toutes ces fleurs cédèrent la place à la concession de Harlay.

Les plans de Sully étaient incontestablement d'une belle ordonnance. Il est regrettable, pour la beauté de la Cité, qu'il n'ait pas imposé des servitudes domaniales interdisant la mutilation des façades et la surélévation des maisons, toutes à trois étages, revêtues de briques rouges jointoyées, chaînées de pierre de taille avec toits en ardoise.

Certes le Président de Harlay n'avait pas la fortune nécessaire pour exécuter si grande entreprise. D'ailleurs ces sortes de dons royaux avaient pour but d'enrichir le serviteur favorisé, sans qu'il en coûtât rien au trésor : le domaine improductif était seul atteint. Devenu propriétaire du terrain, le bénéficiaire s'entendait avec des entrepreneurs qui exécutaient les charges imposées et partageaient avec lui les immeubles construits. Nous n'avons pu trouver le contrat qui liait M. de Harlay avec les maîtres des œuvres. Il ressemblait sans aucun doute, dans ses lignes générales à celui dont profita en 1671 M. de Lamoignon et que nous venons de résumer. Toutefois M. de Harlay éprouva tout d'abord des difficultés : les entrepreneurs estimaient sans doute trop onéreux ou insuffisamment productif le plan imposé par Sully et en retardaient l'exécution.

En 1609, le conseil du Roi s'émut de cette inertie et en fit l'observation à M. de Harlay le priant d'y pourvoir. Le Premier répondit en présentant un contre-projet « pour les maisons à édifier ». « Le duc de Sully, dit le procès-verbal, déclara avoir dressé icelui devis (le premier) suivant le commandement du Roi. » Sur quoi une mise en demeure fut signifiée au bénéficiaire et les travaux furent mis en marche... sans grande hâte. En août 1610 les murs du Jardin du Roi (côté des Augustins) étaient encore debout.

C'est en 1613 seulement que la place Dauphine fut terminée ; une vie intense succéda au grand calme d'antan. Tous les bateleurs s'y donnèrent rendez-vous. En particulier le grand Tabarin, que Boileau méprisait, mais qui attira tout Paris par ses farces et son costume de Pierrot vert et jaune, aidé du baron de Grattelard et du signor Hieronimo, pendant que son associé Mondor vendait ses poudres infaillibles contre toutes les maladies et faisait rire les badauds « depuis le talon gauche jusqu'à l'oreille droite »... du moins c'est lui qui s'en flattait.

Quelques années après l'hôtel du bailliage à son tour, changeait de destination pour devenir l'hôtel des Premiers Présidents.

Après le long séjour qu'y avait fait M. de Harlay, il apparut que le chef du Parlement, comme comptant parmi les principaux personnages de l'État par son rang et par ses fonctions, devait avoir la jouissance de ce magnifique immeuble (beaucoup trop vaste et luxueux pour de simples baillis), d'autant plus qu'en y résidant il avait l'avantage d'avoir pour ainsi dire sous les yeux, et à toute heure, les services de justice qui dépendaient de son autorité.

C'est bien là l'idée maîtresse de l'Édit de juin 1617 : il sépara l'hôtel de la fonction de bailli, le réunit au domaine, puis lui donna sa nouvelle affectation, afin que les Premiers Présidents « pussent plus assiduement vaguer au dit Palais à leur charge et à l'administration de la Justice ». Mais il est probable que sans l'insistance de Verdun, et si, à ce moment précis, il n'avait pas été *persona grata*, rien n'était fait.

Même après la signature des lettres patentes, il y eut un à-coup ; et la transmission de l'immeuble à ses nouveaux occupants faillit ne pas avoir lieu. Le fils de M. de Harlay avait payé le droit annuel pour la charge de bailli : ses héritiers avaient donc eu le droit « d'en disposer à personne capable », ce qu'ils avaient fait, et Desoucy le nouveau titulaire prétendait avec raison avoir acheté le logement en même temps que l'emploi ; une indemnité devait donc lui être payée.

Or, le trésor manquait de ressources. On eut recours à un expédient fort en usage sous l'ancien régime : de Verdun, nouveau locataire de l'hôtel, dut avancer pour désintéresser Desoucy une somme de 50.000 liv. On lui concéda, comme compensation, que ses héritiers auraient le droit de n'abandonner leur habitation qu'après avoir été remboursés.

M. de Verdun désirait ardemment cette résidence et, jouissant d'une grosse fortune, n'hésita point à faire de fortes dépenses pour l'embellir. Il en rajeunit l'aspect en faisant revêtir la vieille maçonnerie des murs en moellons, d'un placage en briques avec encadrement de pierres de taille, pur style Louis XIII, s'accordant en tous points avec l'architecture de la place Dauphine.

Dans la double façade regardant au nord et à l'ouest, il avait fait peindre en médaillons une série de portraits ; des chanceliers : Duprat, l'Hospital et Cheverny ; des maréchaux de France : Blaise de Montluc et Henri de Condé ; des connétables : du Guesclin et Bourbon. Au-dessous de ces médaillons, on inscrivit les noms et les titres des personnages sur des plaques de marbre noir. Ces figures peintes à l'huile, sur enduit de chaux et de sable, semblent avoir résisté longtemps aux intempéries, puisqu'en 1844, lorsqu'il fut question de reconstruire la Préfecture de Police, installée alors dans l'immeuble, et que Labat, un des rédacteurs de cette administration, reçut l'ordre de décrire les restes de l'Hôtel, avant sa démolition, les portraits de du Guesclin, de Bourbon et de Montluc se distinguaient encore. Dans son ouvrage, Labat signale également que, sur les linteaux des fenêtres de la cour d'honneur, on voyait des W entourés de branches de laurier et de chêne, alternant avec des bonnets à mortier ; mais il avoue n'en pouvoir donner l'explication. C'était le chiffre de M. de Verdun, dont le nom, l'initiative et les travaux étaient complètement oubliés !

Le Premier Président réserva la bibliothèque pour y placer les portraits des plus illustres de ses prédécesseurs.

Une autre amélioration qu'il introduisit fut un bienfait pour les habitants de l'extrémité de l'île. Le 1er août 1617, il obtint concession « de trois poids d'Eau » à fournir par la pompe de la Samaritaine : un pour le Pont-Neuf, un second pour la place Dauphine et le troisième pour les besoins de la Première Présidence, jardin et hôtel.

Mais plus que tout autre changement, l'innovation qui fut comme la véritable prise de possession de ce Palais par le chef du Parlement, pour lui et ses successeurs, ce fut la construction de la galerie entre la Chambre des Comptes et la huitième chanoinie, qui enjambait obliquement la cour du Palais pour venir aboutir près du porche de la Sainte-Chapelle.

De Verdun dut éprouver une grande satisfaction d'amour-propre quand il inaugura ce nouvel itinéraire pour se rendre à la Grand'Chambre et qu'il trouva à sa porte les huis-siers au Parlement l'attendant pour le mener en cérémonie à son siège et le reconduire chez lui, l'audience levée, au milieu de l'affluence et des saluts respectueux des marchands et du public.

Si Concini n'avait pas été assassiné deux mois avant la promulgation des lettres patentes, si les pouvoirs de la Régente n'avaient ainsi brusquement cessé, il est probable que de Verdun n'aurait pas eu cette joie ; car il avait déçu bien des espérances.

Quand en 1611, de Harlay dut donner sa démission sous la pression d'Ubaldini, nonce du pape et protecteur des Jésuites, Marie de Médicis et ses conseils avaient écarté avec soin de la Première Présidence toutes les candida-tures qui ne leur offraient pas une garantie de soumission suffisante, en premier lieu, celle du gendre de Harlay, de Thou, d'une intégrité et d'une indépendance reconnues par tous, à qui cependant la Régente avait promis la succession de son beau-père. Il en fut de même de quelques autres : le président Séguier avait pour lui les catholiques purs ; mais Concini ne lui pouvait pardonner l'injure publique qu'il lui avait faite : un jour, le favori de Marie de Médicis, se trouvant au Palais, resta ostensiblement couvert sur le passage du Parlement défilant en corps. Séguier qui mar-chait en tête, avait jeté à terre le chapeau de l'insolent.

Jambeville au contraire était le protégé de Concini ; mais sa foi paraissait tiède.

Enfin, on pensa trouver le candidat rêvé en la personne de Verdun, premier président à Toulouse, ancien président aux Enquêtes de Paris, qui s'était montré très fidèle à Henri IV. « C'était, dit l'Estoile qui ne l'aimait pas, un homme docte, capable, suffisant pour une grande charge, grand catholique, mais à la Jésuite ». C'est sans doute ce que pensait aussi la cour : elle fut bientôt désillusionnée.

Les Jésuites essayaient, à ce moment, pour maîtriser l'Université, de s'insinuer chez elle. Ils avaient demandé et obtenu des lettres patentes pour y faire incorporer le collège de Clermont. Richer, le syndic de l'Université, fit opposition à leur enregistrement, et, sur les conclusions de l'avocat général Servin, la Grand'Chambre le 22 décembre 1611, « leur fit défense « de s'entremettre, par eux ou personnes interposées dans l'instruction de la Jeunesse dans Paris, et de se conformer à la doctrine de la Sorbonne, même en ce qui concernait la personne sacrée des Rois, manutention de l'autorité royale et libertés de l'Église gallicane ».

Cet arrêt provoqua une grande consternation dans les milieux ultramontains. Le nonce Ubaldini demanda tout au moins une modification de l'arrêt dans la forme : la reine-mère dépêcha à de Verdun le Chancelier et le maréchal de Villeroy ; rien n'y fit. « Mieux vaudrait, répondit le Premier Président que la reine supprimât le Parlement que de lui demander de changer un arrêt pour complaire à un ministre étranger. »

Quelque temps après, la vigueur avec laquelle le Parlement réprima la vente de l'ouvrage du Jésuite Suarez sur « la défense de la foi catholique », que quelques libraires avaient rapporté de la foire de Francfort et dans lequel l'auteur soutenait que « le Pape pouvait déposséder les rois et qu'il était loisible d'assassiner un chef d'État qui abusait de son pouvoir », mit le comble à la défiance que de Verdun inspira désormais en haut lieu. Certainement il n'eût pu obtenir la faveur d'occuper l'hôtel du bailliage et l'honneur d'en faire désormais la résidence des Premiers Présidents, si Marie de Médicis était restée au pouvoir.

Il ne cessa d'ailleurs d'embellir sa maison. Il y vécut heureux et y mena grand train. Il perdit sa femme en 1626 parut si accablé de ce deuil que Malherbe lui dédia les fameuses strophes dont voici la première :

> Sacré ministre de Thémis,
> Verdun en qui le ciel a mis
> Une sagesse non commune,
> Sera-ce pour jamais que ton cœur abattu
> Laissera, sous une infortune,
> Au mépris de ta gloire, accabler ta vertu ?

Malherbe travaillait lentement. Tallément des Réaux prétend que la pièce entière fut terminée seulement trois ans après. C'est exagéré ; mais il est certain qu'elle ne l'était pas quand Verdun se remaria.

D'ailleurs l'état de sa santé obligea le Premier Président dans les derniers mois de son existence à aller vivre dans la magnifique seigneurie de Conflans qui devint plus tard la maison de campagne des archevêques de Paris. Il ne venait plus que rarement à l'audience de la Grand' Chambre. Il s'éteignit, à Paris, le 26 mars 1627.

Pour la première fois survenait au Palais pareil événement. Or, l'hôtel du Bailliage, depuis la fin du XIVᵉ siècle, dépendait de la cure de la Sainte-Chapelle basse pour les besoins religieux ; son changement de destination ne pouvait en rien modifier le bref du pape et les Premiers Présidents devinrent les paroissiens du Vicaire-curé. Mais, comme il s'agissait du trépas d'un des plus grands personnages de l'État, tout le personnel de la Sainte-Chapelle crut devoir intervenir. Le trésorier précédé de deux enfants de chœur tenant des cierges allumés et suivi des chanoines en tenue d'église, vint présenter au moribond les reliques de la Vraie Croix. Dès que le décès fut constaté et le défunt placé sur un lit de parade les mêmes prêtres revinrent chanter autour de lui le *de Profundis* ; puis deux jours après, le chantre fit la levée du corps et le conduisit à la Sainte-Chapelle tendue de deuil où un magnifique catafalque attendait sa dépouille dans le chœur.

Le précédent était créé ; les mêmes cérémonies se répéteront désormais dans les mêmes circonstances.

J. de Hacqueville, successeur de Verdun resta deux ans Premier Président (1627-1629) et aussi bien le suivant J. Bochard de Champigny (1630-1632).

Après eux vint Nicolas Le Jay qui exerça ses fonctions de 1632 à 1641. C'était un spéculateur en immeubles. Il avait racheté à Marchand la concession du *pont aux Oiseaux* qui succéda au pont aux Meuniers et qui fut comme lui détruit par un incendie. Puis il créa la rue Saint-Louis et la rue Sainte-Anne, dans l'île du Palais. Cette manie du moellon ne l'empêcha pas de se montrer magistrat sévère sur les principes.

En 1639, il fit partie de la Commission extraordinaire convoquée et présidée en personne par Louis XIII pour juger son beau-frère naturel le duc de la Valette. On reprochait à l'accusé — ce qui était peut-être exact — d'avoir fait échouer les opérations du siège de Fontarabie. La véritable cause du procès était, dit-on, que son père, le duc d'Épernon, s'était compromis dans un complot contre Richelieu.

Quoi qu'il en soit, lorsque le roi eut fait connaître le but de la réunion, Le Jay demanda la parole et ne craignit pas de faire observer au maître que la connaissance de ces sortes de procès où étaient incriminées des personnes de haute condition, revenait au Parlement. C'était là du courage civique à cette époque. Il fut inutile d'ailleurs : Louis XIII passa outre, fit condamner à mort et exécuter en effigie le mari de sa sœur.

Sur la liste apparaît ensuite le nom de Mathieu Molé, un des plus grands magistrats qui ait honoré le siège de premier président du Parlement de Paris.

Il débuta sous Henri IV en 1606 et devint procureur général en 1614. Cette fonction comportait, depuis le règne de Henri III, la garde du Trésor des Chartes, placé aux deux derniers étages du Revestiaire, au-dessus du Trésor de la Sainte-Chapelle, et le titulaire, en entrant en charge, devait prêter un serment spécial de ce chef. Contrairement aux habitudes introduites par ses prédécesseurs, Mathieu Molé prit au sérieux cette partie de ses travaux ; il prêta le serment exigé, fit inventorier et cataloguer toutes les chartes, tous les documents dont le désordre était indescriptible. Il confia cette tâche à deux avocats érudits Godefroy et Dupuy qui rendirent ainsi à leur pays un immense service. La correspondance même de Mathieu Molé en donne la preuve.

Mais c'est surtout quand le procureur général devint Premier Président qu'il donna la mesure de sa prudence, de son courage et de son dévouement. Il est impossible de retracer ici sa conduite pendant les troubles de la Fronde, dans les audiences de la Grand'Chambre. Mais il y eut un incident qu'il faut raconter puisqu'il eut pour théâtre l'hôtel même de la première présidence.

En décembre 1651, dans une de ces émotions que fomentait l'argent des Princes, la populace envahit la rue de Jérulem. Au même moment, Mathieu Molé recevait Schomberg qui, en bon soldat, lui proposa de fermer les portes et de charger la foule avec ses officiers. « La maison d'un Premier Président doit toujours être ouverte à tout le monde », répondit le magistrat ; et quand les séditieux se présentèrent devant lui, il alla vers eux et leur dit avec un impertubable sang-froid ». Si vous ne vous retirez à l'instant, je vous fais tous pendre »... et ces gens de s'enfuir plus vite qu'ils n'étaient venus.

Il se plut dans l'Hôtel. Il y fit des embellissements qu'on ne saurait préciser ; il existe cependant au Cabinet des Estampes quatre projets de transformation du jardin, exécutés par l'architecte spécialiste Barbier, qui témoignent de l'intérêt qu'il y portait.

Lorsqu'il donna sa démission, son successeur Pomponne de Bellièvre (1653-1657) eut la pensée de les agrandir en demandant d'y annexer partie de la Sixième Chanoinie dont un des bâtiments faisait sur le jardin une saillie chocante. C'est dans cette maison que naquit Boileau. Dongois, son neveu, greffier du Parlement, prétend dans son journal que le titulaire de cette maison à ce moment, Pierre Tardieu, mourut de saisissement en apprenant les intentions du Premier. Le projet n'en fut pas moins mis à exécution. On donna 2.000 livres de rentes à prendre sur le domaine royal, à son successeur le chanoine Fletty, en compensation des terrains qu'il perdait.

Ce magistrat, grand juriste, était aussi un homme de bonne compagnie. Il aimait la bonne chère et se piquait d'avoir la meilleure cave de Paris. Un jour, après l'audience, comme il sortait de la Grand'Chambre majestueusement précédé des huissiers, il trouva dans la Grand'Salle un de ses amis, le comte de Fiesque, accompagné de MM. de Manicamps et de Jonsac, qui l'abordèrent et lui tendirent respectueusement un placet ainsi conçu : « Nous supplions très humblement Monseigneur le Premier Président de vouloir bien ordonner à son maître maître d'hôtel de nous donner six bouteilles de son excellent vin de Bourgogne que nous comptons boire à la santé de sa Grandeur. » Le Premier ne sourcilla point et avec la même gravité dont il eut usé pour affaire d'importance, il écrivit en note au crayon : « Bon pour douze bouteilles attendu que je m'y trouverai. »

C'est sous la présidence de cet aimable épicurien que fut tenu le fameux lit de Justice du 13 avril 1655, si défiguré par Voltaire dans sa haine contre les parlementaires et dans lequel Louis XIV, encore jeune, rompant avec l'étiquette protocolaire, rappela avec vigueur au Parlement l'ordonnance qui, deux ans auparavant, avait mis fin aux troubles de la Fronde, et le ramena à cette soumission absolue dont il profita plus tard pour lui imposer de ratifier les plus illégales fantaisies de son absolutisme.

Certes, le maître ayant parlé d'une façon si énergique, personne n'osa élever la voix comme on l'eût fait en d'autres temps. Mais si quelque conseiller en eût eu le désir, Pomponne de Bellièvre aimait trop sa tranquillité et la vie douce pour tolérer qu'il le manifestât.

Après lui, la première présidence resta vacante pendant

une année environ. Nicolas Fouquet, surintendant des
finances, alors procureur général et garde du Trésor des
Chartes, profita de cet interrègne pour faire signer au roi
un édit ordonnant la construction d'un dépôt des Archives,
dans la partie du jardin qui longeait le quai des Orfèvres.
Quelles qu'aient pu être ses fautes — et elles furent graves
— Fouquet n'en était pas moins un administrateur à larges
vues et un homme de décision. Il fit commencer les travaux
sans retard, procéder aux terrassements, jeter les fondations.
Il avait même déjà préparé une organisation nouvelle des
archives avec Jannard [1] un de ses substituts comme contrôleur général pour Paris et huit intendants pour les provinces.
Tout fut arrêté par sa chute du pouvoir.

En octobre 1658, G. de Lamoignon fut nommé Premier
Président. Louis XIV, lorsqu'il alla lui témoigner sa grati-
tude, lui dit : « Si j'avais connu un magistrat plus homme
de bien et un plus digne sujet, je l'eusse choisi » ; éloge
mérité d'un caractère qui n'admettait ni défaillances, ni
compromissions. Lors de la constitution de la Chambre
ardente qui devait juger Fouquet, Lamoignon fut désigné
pour diriger les débats. Colbert qui s'acharnait contre son
prédécesseur avec une ténacité à peine dissimulée, chercha
à pénétrer les dispositions du Premier envers l'accusé :
« Un juge, lui répondit Lamoignon, ne dit son avis qu'une
seule fois et sur les fleurs de lis ». Cette repartie lui valut
d'être remplacé à l'Arsenal par un serviteur plus docile.

Louis XIV ne lui en continua pas moins sa faveur et le
lui témoigna. Il lui concéda par lettres patentes quinze cent
quarante-neuf toises à prendre dans le jardin pour y élever
de grands bâtiments qui modifièrent complètement l'aspect
du Palais de ce côté.

Après les travaux du commencement du siècle, le jardin
était limité à l'ouest par les maisons de la rue de Harlay

1. Jannart habitait l'enclos du Palais, comme bien des magistrats, l'avocat général Servin, par exemple. Il y reçut souvent dans les premières
années de leur mariage, sa nièce Marie Hériquart, et son mari J. de La
Fontaine. C'est probablement par lui que le fabuliste connut son protecteur
Fouquet.

qui n'avaient aucune communication avec lui ; au nord, par quelques immeubles construits en même temps que le quai de l'Horloge ; à l'est, par l'hôtel de la première présidence et ses communs ; au sud, par des restes de l'ancienne clôture de l'Enclos et aussi quelques maisons avec boutiques sur le quai des Orfèvres.

Le 23 février 1671, le contrat de la concession Lamoignon fut signé par devant M⁰ Gallois, notaire [1] et un de ses confrères. Il fut enregistré au Parlement le 12 mars suivant. Les plans prévoyaient cet emprise non seulement sur le jardin, mais aussi sur la cour des communs qui se trouva assez réduite. Le mur qui la séparait du jardin fut reporté en arrière et le terrain, à elle ainsi enlevé, servit à établir une rue et une cour : la rue de Bâville, du nom d'une terre du premier Président érigée en marquisat en sa faveur (1670) et la cour Lamoignon qui eut une large sortie, fermée par une grille, sur le quai de l'Horloge, et obtenue par la démolition d'une des anciennes écuries de l'hôtel.

Lamoignon dut acheter la maison de la rue de Harlay faisant face à l'ouverture de la place Dauphine. Un spacieux portail y fut percé qui devint depuis lors l'entrée du Palais de ce côté. Il donnait accès à une place dite d'abord cour Neuve et, sous Louis XV, cour Dauphine : elle avait la forme d'un trapèze irrégulier ayant vingt-quatre toises de longueur, comptées perpendiculairement de l'entrée jusqu'au perron d'un pavillon central occupant plus de la moitié de la base du dit trapèze.

Ce pavillon, haut d'un étage au-dessus du rez-de-chaussée, et, quelque dix ans plus tard, surélevé de deux autres pour l'installation de la Cour des Monnaies, était planté à six toises seulement de l'ancien Palais des Rois dont il masquait complètement la vue.

Est-il étonnant que dans ces conditions le souvenir du

1. Cette étude date du règne de Louis XIII. M⁰ Gallois en était le deuxième titulaire. M⁰ Charles Blanchet, son sixième successeur, la dirige aujourd'hui. L'acte de concession doit se trouver dans ses archives ou à la Chambre des notaires ; mais Félibien en donne une copie, dans les *Preuves* de son histoire de Paris.

vieux monument de Robert le Pieux se soit effacé jusqu'à l'oubli, alors surtout qu'intérieurement, à tous ses étages, il appartenait aux services les plus différents ? Pour cette dernière raison problablement, déjà au xviie siècle, Sauval en parle d'une façon évasive, le plaçant, d'après la tradition, *du côté de la Chancellerie.* En 1858, lors des grands travaux de réfection du Palais de Justice, on éprouva d'abord de la surprise à voir tout à coup ces vénérables vestiges apparaître dégagés de toutes les bizarres constructions au milieu desquelles ils avaient été ensevelis et on eut l'intuition qu'il s'agissait bien là des restes de l'ancien Palais des Rois. Mais l'identification ne devint certaine que le jour où le duc d'Aumale rapporta en France les *Riches heures du duc de Berry* qu'il avait achetées à Gênes en 1855 pendant son exil sous Napoléon III : une miniature, celle du mois de juin, y représente la façade telle qu'elle était en 1401.

Au rez-de-chaussée de ce pavillon central, non loin du perron, on ménagea un passage qui mettait en communication la rue de Bâville avec la cour Neuve. Le perron lui-même, que fermait une magnifique porte de chêne, menait aux galeries supérieures par un grand escalier coupé d'un vaste palier où l'on perça une porte de communication avec la Première Présidence, dont les magistrats préférèrent se servir désormais pour se rendre à l'audience à la place du passage de M. de Verdun, à côté du porche de la Sainte-Chapelle.

En descendant le perron sur la cour Neuve, le côté sud était formé par un mur et une belle grille d'entrée sur la partie du jardin conservée à la première présidence, et à la suite par des maisons avec magasins, frappées d'une servitude de non-surélévation pour ne pas obstruer le jour de la galerie Saint-Martin dont il sera question plus bas.

Sur le côté nord, on construisit un nouveau bâtiment long de quarante-quatre toises et demie, appuyé d'un bout aux maisons de la rue de Harlay et de l'autre à l'ancienne tour du nord du Palais des Rois, appelée au xviie siècle tour de la Connétablie parce que cette juridiction y avait été envoyée après l'incendie de la Grand'Salle en 1618 ; de nouveau, elle fut transportée dans des bâtiments élevés spécialement pour elle et dont la Chambre criminelle de la Cour de Cassation occupe aujourd'hui l'emplacement.

La tour elle-même fut percée de part en part pour donner pendant le jour une communication directe entre la Galerie Neuve et celle des Prisonniers ; mais à l'extinction des feux, sonnée par la trompette du Roi, une porte solide fermait l'ancien Palais-Marchand, comme pour bien indiquer qu'il y avait là deux domaines distincts.

Cette galerie neuve était oblique et parallèle au fleuve. Elle séparait la cour d'une nouvelle rue, nommée aussi Lamoignon, bordée de six immeubles (dont trois aménagés en maisons meublées restaurants) qui doublaient ceux déjà construits sur le quai de l'Horloge. Elle aboutissait à la cour du même nom, par laquelle elle avait accès à la voie publique.

La galerie neuve était composée d'un rez-de-chaussée en arcades servant à deux rangées de magasins avec entresols sur la cour et sur la rue Lamoignon, et d'un premier étage formant une vaste salle éclairée et aérée par deux séries de baies, ouvrant de chaque côté, au-dessous desquelles on avait établi de beaux comptoirs « avec arrière-boutique et logement » laissant entre eux un large promenoir pour le public.

On y accédait par l'escalier central, et aussi par deux autres établis contre les maisons de la rue de Harlay.

Aucun document, aucune gravure ne renseigne sur le style employé dans ces constructions ; les lettres patentes de 1671 se contentent de recommander « une forme architecturale le plus agréable qu'il sera possible ». Il est à croire que le voisinage de la place Dauphine incita les entrepreneurs à employer la manière du temps de Louis XIII, comme de Verdun l'avait fait pour l'hôtel de la première présidence : briques et pierres de taille.

Quant à l'aspect des boutiques avec logement à l'entresol, on peut encore aujourd'hui s'en rendre compte par quelques

vieilles maisons de la place Dauphine et des quais voisins.
qui ont échappé aux bouleversements que le temps et des
besoins nouveaux ont infligé autour d'elles. Le magasin
nous paraît bien étroit ; l'arrière-boutique un peu sombre ;
l'entresol dont l'unique fenêtre respire péniblement sous la
clef de voûte de l'arcade, semble comme écrasé par les étages
supérieurs ; mais tout est en ordre dans ce réduit ; tout est
net, propret, astiqué et donne une impression d'honnêteté,
de labeur soutenu et d'économie qui commande la sym-
pathie.

C'est un sentiment semblable que nos pères durent éprouver, il y a deux siècles et demi, en entrant dans la cour
neuve : chaque détail devait plaire ; tout y était engageant,
jusqu'aux enseignes balançant, à des potences en fer artis-
tement forgé, leurs images, leurs rébus et leurs lettres d'or :
« à Saint-Louis », « aux deux anges », « au mouton », « à
la bonne foy », « à la marguerite couronnée », etc., etc.

Le partage de tous ces immeubles entre M. de Lamoignon et ses entrepreneurs eut lieu le 20 février 1676. Mais
auparavant, il avait exigé d'eux, comme l'ordonnait le
cahier des charges, certains travaux à l'hôtel lui-même.

Depuis la disgrâce de Fouquet, les projets pour la créa-
tion de l'hôtel des Chartes avaient été abandonnés. Lamoignon s'engagea à faire démolir tout ce qui avait été construit
de ce chef et à y rétablir le jardin ; à aménager huit remises
pour carrosses dans les communs, à côté des écuries et au-
dessus des chambres de domestiques sur lesquelles fut ins-
tallé le nouveau prétoire de la Connétablie. Enfin la galerie
Saint-Martin devait être terminée.

Cette expression *terminer la galerie*, employée par les
lettres patentes donne à penser qu'elle a été commencée
par un des prédécesseurs de M. de Lamoignon, sans que
l'on puisse dire à qui revient cet honneur. Elle reçut le nom
de Saint-Martin, parce que le Premier instaura la coutume
d'y réunir dans une série de dîners les membres du Parlement pendant la première semaine de la rentrée. Ses
fenêtres, orientées au nord et au midi recevaient l'air et le
soleil par le nouveau jardin.

Lamoignon se plut dans cette maison où il réunissait les grands littérateurs de son temps. Fin lettré, il soignait avec amour sa bibliothèque qui était, paraît-il, considérable. Le premier à qui il la confia se nommait Aubry, avocat au Parlement, très savant, frère d'un chanoine de la Sainte-Chapelle, confesseur du Premier Président. Cet Aubry était aussi, malheureusement pour lui, un passionné de politique : un libelle compromettant le fit envoyer à la Bastille. Lamoignon dut lui donner un successeur. Il chargea de ce choix le recteur de l'Université qui lui adressa un érudit du nom de Baillet.

Pour faire plus ample connaissance, Lamoignon invita son futur bibliothécaire à un de ces dîners où il réunissait les beaux esprits. Baillet ne payait pas de mine ; mais, très avisé, il comprit qu'il aurait à subir une sorte d'examen pouvant tourner à la brimade : il résolut de s'en amuser. Il ne répondit d'abord que par monosyllabes aux questions souvent indiscrètes qui lui étaient posées : de suite, il fut taxé « d'homme sans mérite aucun ». Le repas commencé, le vin d'ordinaire versé, un des convives lui demanda en latin comment il l'appréciait : « Bonus », répondit-il flegmatique, et sur ce solécisme, monstrueux pour un suppôt de l'Université, chacun de s'esclaffer. Mais comme, avec le rôti, un vieux cru savoureux de Bourgogne fut apporté il le dégusta avec onction et, reposant son verre, il s'écria : « Bonum ! bonum !! bonum !!! » — « Mais vous disiez bonus tout à l'heure », reprit un des convives. — « Oui, monsieur », répondit Baillet, « à mauvais vin, mauvais latin ». Le Premier rit beaucoup de cette repartie et comprit la finesse de l'homme qui, sous sa modeste apparence, avait su faire quinaude toute la Compagnie.

Mais si Lamoignon aimait les lettres, c'était surtout un jurisconsulte remarquable qui savait raisonner la doctrine. Il eût voulu abolir la question préparatoire, la considérant comme inutile et dangereuse ; il ne put y réussir par suite de l'opposition de Pussort, l'oncle de Colbert. Au civil, il souffrait des contradictions de jurisprudence que l'on constatait dans les décisions des tribunaux sur l'application d'une même coutume, d'un même texte. Il mit tous ses efforts à corriger le mal. C'est chez lui, à l'hôtel de la Première Présidence, que commencèrent les conférences pour les réformes inscrites dans les ordonnances de 1667 et 1674 et pour la préparation de ces arrêts de règlement dont la collection porte encore son nom.

Mais il était quelqu'un de plus haut et de plus grand.

Le chancelier de L'Hospital dans sa harangue au Parlement du 26 juillet 1567, disait :

« Ung poëte, ung peintre, ung grammairien et semblables, sont estimez bons poëtes, peintres, grammairiens, s'ilz sont sçavans et expérimentez en l'art et science dont ilz font profession, ores qu'ils soient mal conditionnez. Mais nul n'est bon judge, tant soit-il grand jurisconsulte et lettré, s'il n'est homme de bien. »

Le premier Président G. de Lamoignon fut un homme de bien.

Il ne jouit pas longtemps d'ailleurs des honneurs et des biens que sa valeur morale lui avait valus. Il mourut en décembre 1677, et ce fut un deuil public.

Mais, à cause de lui, ce qui restait du Jardin du Roi avait été anéanti.

L'indigne successeur de G. de Lamoignon, comme Premier Président du Parlement, s'appela Potier de Novion (1677-1689).

Saint-Simon a tracé de lui un portrait peu flatteur : « Il ne savait rien de son métier que la basse procédure, en laquelle il excellait, comme le plus habile procureur. C'était un homme obscur, solitaire, sauvage, plein d'humeur et de caprices jusqu'à l'extravagance ; incompatible avec qui que ce fût ; désespéré lorsqu'il lui fallait voir quelqu'un ; le fléau de sa famille et de quiconque avait affaire à lui ; enfin insupportable aux autres et, de son aveu, très souvent à lui-même... »

Dans les notes secrètes sur la magistrature que se fit adresser Colbert par les intendants, celle qui concerne Novion est plus laconique, mais plus vraie : « De grande présomption et de peu de sûreté ; *intéressé ;* timide lorsqu'on le pousse... »

Orgueilleux et timide, un défaut complète l'autre ; mais le principal était un amour immodéré de l'argent.

Comment pareil individu avait-il pu être choisi pour occuper un poste aussi éminent ? Probablement on n'avait pas oublié sa présidence des Grands Jours d'Auvergne. Il y rendit de véritables services. Il purgea le Plateau Central d'une bande de hobereaux voleurs et criminels. Il n'hésita pas à condamner à la peine capitale des gredins comme les barons d'Apcher et de Casse, le marquis de Salers et tant d'autres, sauf ceux qui s'enfuirent à l'approche de leurs juges comme le marquis de Couillac.

Mais si le souvenir de cette bonne besogne contribua à élever de Novion à la Première Présidence, il fut insuffisant pour l'y maintenir.

Cet homme vendait la Justice ; au besoin, il falsifiait les arrêts au moment de les signer, quand ils avaient été pris « sur rapport » ou bien il prononçait à son gré sur ceux que l'on appelait « d'audience » pour lesquels il recueillait les voix lui-même. Les rapporteurs s'aperçurent les premiers de ses coupables pratiques et exigèrent qu'il signât seulement en présence de l'un d'eux comme contrôleur, humiliation à laquelle il se soumit. Pour les arrêts d'audience, les conseillers, causant entre eux, au sortir du Palais, intrigués par la décision prise, et se l'imputant les uns aux autres, comprirent qu'ils avaient été odieusement joués.

Ce scandale ne pouvait se perpétuer. Louis XIV voulait chasser le concussionnaire. Il se contenta d'exiger sa démission, sur les instances du duc de Gèvres qui était aussi un Potier, mais honnête celui-là.

Achille III de Harlay, petit-neveu du grand Achille I de Harlay à qui il ne ressemblait guère, fut alors appelé à la Première Présidence. Il occupait auparavant la charge de Procureur général dont son père s'était défait à son profit par une faveur spéciale de Louis XIV, récompense d'une complaisance trop dévouée. En mars 1667, le Roi envoya un édit au Parlement, reconnaissant la fille naturelle qu'il avait eue de Mlle de la Vallière « et aussi les enfants qui, dans la suite, pourraient lui naître d'elle ». Cette dernière exigence était surtout scabreuse. C'était non plus seulement légitimer un enfant adultérin, mais donner comme une consécration à un adultère habituel. Le Procureur général fit entendre à son maître que, malgré toute l'obéissance du Parlement, le second point ne pourrait être accepté et causerait une grosse émotion. Le Roi consentit à restreindre ses prétentions à la première demande. C'est ainsi que Marie-Anne de Bourbon, dite Mlle de Blois, future princesse de Conti, fut déclarée capable de tous les honneurs et effets civils, sans soulever la moindre objection ; il en alla de même pour le comte de Vermandois son frère.

Devenu ainsi procureur général par le mérite de son père, Achille III de Harlay eut à remplir un rôle semblable mais plus difficile encore. Le Roi avait changé de maîtresse ; c'était l'époque de Mme de Montespan qui lui donna plusieurs enfants, fruits par conséquent d'un double adultère. Avec beaucoup d'adresse, fort appréciée en haut lieu, le procureur général commença par créer un précédent. M. de Longueville avait un fils de la maréchale de la Ferté qui fut connu sous le nom de Bâtard d'Orléans. On poussa le père à demander au roi la légitimation de son fils qu'il obtint par lettres patentes du 7 septembre 1672, enregistrées le 20 décembre suivant sans opposition et *sans que le nom de la mère fût prononcé*.

Ce premier acte exécuté avec succès, on put en faire autant pour les enfants de Mme de Montespan. Le duc du Maine, le comte de Vexin, plus tard abbé de Saint-Denis et de Saint-Germain, le comte de Toulouse, Mlle de Nantes ; Mlle de Tours, et enfin Françoise Marie, la future femme du Régent, furent successivement légitimés.

De tels services méritaient récompense : Achille III de Harlay devint Premier Président. Saint-Simon le peint ainsi : « Harlay, issu de grands magistrats, en eut toute la gravité qu'il outra en cynique, en affecta le désintéressement et la modestie qu'il déshonora l'une par sa conduite, l'autre par son orgueil, rafiné mais extrême, qui sautait aux yeux. Il se piqua de probité et de justice dont le masque tomba bientôt. Entre Pierre et Jacques, il conservait la plus exacte droiture ; mais dès qu'il apercevait un intérêt à ménager, tout aussitôt il était vendu... »

Et plus loin : « Un hypocrite parfait sans foi, sans loi, sans Dieu, sans âme, ami uniquement de soi-même, méchant par nature, se plaisant à insulter, à outrager, à accabler et n'en ayant de sa vie perdu l'occasion. »

C'est là du Saint-Simon de première marque. Mais comme Harlay touchait de près à la question des légitimés, contre qui le noble duc et pair entretenait une haine féroce, il faut se méfier de ses appréciations et examiner si, passionnées dans la forme tout au moins, elles n'ont pas eu un fondement réel.

Harlay ne fut jamais un père tendre pour ses enfants. Ses relations, toutes de cérémonie avec son fils sont bien connues. Mais à cette époque, dans la noblesse, les cas n'étaient pas rares de ce manque d'esprit de famille; ce n'est donc pas une exception dont il faille s'étonner.

Son influence sur sa Compagnie fut considérable : elle dégénéra même en despotisme. L'altercation qu'il eut avec l'avocat Dumont en est un exemple. Comme ce dernier plaidait : « Abrégez, Me Dumont, dit-il, abrégez. » L'interpellé, conscient de ne dire que des choses utiles à sa cause, poursuivit son développement. Harlay irrité de s'écrier : « Si vous continuez à nous dire des choses vaines, on vous fera taire. » Dumont s'arrêta court ; et, après avoir fait une pause, et regardé tour à tour les magistrats, lui répondit : « Monsieur, puisque la Cour ne m'ordonne pas de me taire, vous voulez bien que je continue. » Le Premier, piqûé sans doute de cette distinction entre la Cour et lui, dit à l'huissier : « Saisissez-vous de la personne de Me Dumont. » — « Huissier, s'écria l'avocat, je vous défends d'attenter à ma personne. Elle est sacrée pour vous dans le prétoire où je plaide. »

L'avocat général d'audience intervint pour dire que cette arrestation serait illégale et la Cour se leva sans prendre de décision. L'affaire passionna, non seulement le Palais, mais aussi la Cour et la Ville ; elle fut portée devant le Roi qui donna raison à l'avocat. Dumont reprit sa plaidoirie deux jours après, sans être interrompu cette fois; mais ce fut la dernière qu'il consentit de prononcer.

Cette dureté de caractère de Harlay se doublait de causticité, surtout quand il s'adressait à gens ne pouvant lui répliquer sur le même ton. Les anecdotes sur ce point abondent. En voici deux.

La première est racontée par Saint-Simon.

Montataire et sa femme allèrent trouver le Premier à son audience chez lui. Le mari voulut prendre la parole ; sa femme la lui coupa et se mit à expliquer leur affaire avec trop de volubilité. Harlay écouta quelques instants, puis l'interrompit et s'adressant au mari : « Monsieur, est-ce là votre femme ? » — « Oui, monsieur », répondit l'autre, étonné de la question. — « Que je vous plains, monsieur », répliqua-t-il, en haussant les épaules d'un air de compassion, et il leur tourna le dos.

On trouve la seconde dans les souvenirs de Bouhier :

La veuve de Triboulot, grand marchand de vins, se présenta à son audience avec un habit magnifique et une jupe cannelée de gros galons d'or, cousus en cerceaux. Après l'avoir entendue, il lui dit : « Vous êtes donc la veuve Triboulot ? » A quoi cette femme ayant répondu affirmativement : « Vraiment, ajouta-t-il, voilà de bien beaux cerceaux pour une vieille futaille. »

Ces impertinences d'homme mal poli étaient d'autant plus mortifiantes que les audiences à l'hôtel de la Présidence, étaient publiques.

L'hypocrisie, la fausse piété dont Saint-Simon l'accuse sont peut-être vraies, si on en croit Grimm dans sa correspondance : « Harlay, pour toute confession, disait : je me confesse, mon père, de n'avoir jamais aimé Dieu par-dessus toutes choses, ni mon prochain comme moi-même. » Et, au même temps, Harlay offrait un tabernacle pour la Sainte-Chapelle basse, lors de sa restauration.

Cependant son étoile baissa à l'horizon, dès qu'on n'eut plus un besoin immédiat de ses services, alors que lui-même estimait n'être pas suffisamment récompensé de ceux qu'il avait rendus. Il a toujours prétendu que les Sceaux lui avaient été promis. A la mort de Michel Le Tellier en 1685, il crut y atteindre. Il était alors procureur général. On lui préféra Boucherot qui venait de présider à l'Arsenal l'affaire des poisons et dont on prisait la discrétion sur la complicité de Mme de Montespan avec la Voisin et l'abbé Gribourg, l'officiant des messes noires. Mais en 1699, lorsque le poste de chancelier devint à nouveau vacant, une intrigue de cour y porta Phélippaux de Pontchartrain.

A partir de ce moment le caractère de Harlay empira ; trouvant tout pour le mieux, quand il avait tout à espérer, ses déconvenues en firent un critique mécontent, avec prudence d'abord, puis plus tard, sans retenue.

A la Saint-Martin de 1707, le procureur général présenta au Parlement une série d'édits bursaux à enregistrer qui s'étaient accumulés pendant les vacances et qui menaçaient d'augmenter la détresse publique déjà si grande. Au lieu de procéder silencieusement à cette formalité, comme le Parlement avait été forcé d'en prendre l'habitude depuis le lit de Justice de 1655, Harlay crut devoir exhaler sa mauvaise humeur — disons ses rancunes — « avec une liberté qu'on ne lui avait jamais connue ».

Certes, il insistait sur la nécessité d'enregistrer sans examen ni discussion : mais il ajoutait « qu'ils ne devaient rien craindre ni pour leur conscience, ni pour leur honneur, puisqu'aucune remontrance n'était plus permise. Qu'il fallait les vérifier en baissant la tête qui était la seule chose qui leur fût recommandée ». Quatre mois après, Harlay dut démissionner.

Son successeur Le Pelletier n'avait pas les qualités d'intelligence et de travail indispensables pour remplir de telles fonctions. Il y avait été poussé par la faveur dont jouissait son père, ancien ministre d'État retiré, que Louis XIV affectionnait particulièrement.

Quelque temps après son installation dans l'hôtel, survint un accident qui acheva d'éteindre cette nature endormie. Le Premier étant à dîner avec sa famille et quelques convives, le plancher s'effondra subitement. Tous, sauf la Première Présidente que le hasard avait placée sur une poutre solide, tombèrent dans un bûcher où un amas de fagots amortit leur chute. Le précepteur des enfants fut seul blessé. L'effroi que causa cet événement à Le Pelletier fut tel qu'il ne s'en remit jamais. Il ne conserva sa charge que sur les objurgations de son père ; celui-ci mort, il s'empressa de démissionner.

Cette salle à manger était probablement comprise dans les anciens bâtiments de l'Hôtel du Bailliage, attenant aux cuisines du Palais des Rois. Les vieilles poutres qui la devaient soutenir, pourries et vermoulues, avaient cédé, comme, en 1464, dans la Grand'Chambre [1].

Boffrand, l'architecte du Palais à cette époque, fut chargé de réparer les dégâts, et il semble en avoir profité pour faire dans l'immeuble des améliorations dont malheureusement on n'a pas le détail.

Le règne de Louis XIV se termina pendant la Première Présidence de Jean-Antoine III de Mesmes.

« C'était un grand et gros homme, de figure colossale, trop marqué de la petite vérole ; mais dont toute la figure jusqu'au visage, avait beaucoup de grâces, comme ses manières et, avec l'âge, quelque chose de majestueux. »

Quand on lit ces compliments dans Saint-Simon, on ne peut s'empêcher de penser que les légitimés ont dû en faire les frais.

De Mesmes avait été choisi sous l'influence du duc du

1. Certains naturalistes ont prétendu qu'il faut attribuer l'accident à une invasion de termites. C'est plus que douteux. Ce serait donc là le seul endroit à Paris pendant des siècles où ces névroptères malfaisants auraient colonisé. D'ailleurs, on n'a souffert de la présence de ces insectes que dans le Sud-Ouest et dans le Midi, notamment à La Rochelle, à Tonnay-Charente et à Aix. Pouchet, de son côté, dit très affirmativement que l'apparition de ces dévastateurs, chez nous, date seulement de 1780.

Maine que dirigeait Mme de Maintenon. Les légitimés, avec leur ancienne gouvernante, commençaient à tramer leurs grands projets et à circonvenir le vieux roi. Pour arriver à leur but sans encombre, il leur fallait une créature à la tête du Parlement. De Mesmes se sentit en faveur. Il avait un billet de retenue [1] de 500.000 l. ; il osa demander au Roi de lui en faire payer les intérêts, ce qui ne s'était jamais vu et qu'il obtint néanmoins. C'était une façon détournée de lui allouer de ce chef une pension de 25.000 l.

Le Premier Président s'en montra reconnaissant lors de la déclaration des légitimés comme princes du sang et dans l'affaire de leur rang de préséance. Mais il voulut viser trop haut. Il ne comprit pas le rôle auquel on le destinait : maintenir un bon serviteur dans la place où il pouvait être utile.

Quand le poste de chancelier fut vacant par la démission de Phélippeaux de Pontchartrain, on le donna à Voysin « quoique de Mesmes bien éveillé eût tourné vers cette première charge une gueule béante », dit Saint-Simon. Aussi, malgré tout son étalage de soumission, après que Louis XIV eut confié, à lui et au Procureur général d'Aguesseau, son fameux testament, on vit de Mesmes, dès la première audience, après la mort du Roi, où fut entendu le duc d'Orléans, tourner des regards attendris et respectueux vers le soleil levant.

Mais le Parlement, ayant recouvré le droit de remontrances et les désaccords anciens s'étant fatalement reproduits à cause du système financier de Law et des menées ultramontaines, de Mesmes dut, tout au moins en apparence, abandonner le parti de la Cour, pour rester le chef du Parlement opposant. Il remplit magnifiquement son

1. Les billets de retenue s'appliquaient aux charges qui n'étaient ni vénales ni héréditaires, ce qui était le cas de la Première Présidence. Quand le titulaire décédait ou donnait sa démission, son successeur avait à lui en compter la valeur. Celui des Premiers Présidents commença par les 50.000 l. versées par de Verdun pour indemniser le bailli du Palais. Il augmenta d'abord à chaque mutation. Il était de 300.000 l. pour de Harlay : il s'élève à 500.000 l. pour de Mesmes ; puis il baissa. Au moment de la Révolution, avec d'Aligre, il était descendu à 100.000 l.

rôle pendant le premier exil à Pontoise où il logea à Saint-Martin, dans la maison du duc d'Albret et y tint table ouverte... On doit ajouter qu'il avait reçu du Régent, en sous-main, et dans ce but, cent mille écus pour soutenir sa dépense.

La visite au Parlement de Pierre le Grand, et surtout, six ans plus tard, le lit de Justice tenu pour la majorité du Roi, furent ses deux grands triomphes. Mais ils n'eurent pas de lendemain. Il décéda subitement le 23 août 1723. Le duc d'Orléans lui cherchait encore un successeur quand il mourut à son tour le 23 décembre suivant.

Dès son arrivée au pouvoir, le duc de Bourbon y pourvut. Il nomma Potier de Novion, président à mortier, fils de celui dont Louis XIV s'était débarrassé en 1689 parce qu'il tenait boutique ouverte d'arrêts à vendre. Certes, ce n'était pas là une recommandation suffisante. Il y en avait une autre : Novion était parent de la marquise de Prie, l'intime amie du ministre.

Le nouveau Premier avait ardemment désiré ce haut poste ; dès qu'il en fut titulaire, il le trouva bien onéreux, lui qui était aussi avare que son père : ses prédécesseurs y avaient déployé un faste auquel il ne pouvait habituer sa bourse. De là, ses tergiversations ; pendant les neuf mois qu'il resta en charge, il porta trois fois sa démission à monsieur le Duc, comme on disait alors ; trois fois le ministre, sous l'inspiration de son Égérie, lui permit de la retirer. Mais à la quatrième, il s'empressa, dans la journée même, de lui donner un successeur. Quand Novion se présenta, espérant encore reprendre sa signature, il était trop tard.

C'est Portail qui avait été appelé ; magistrat de belle science, gracieux avec tout le monde et sachant représenter ; voici comment le dépeint Barbier. « Pour l'époque, sa naissance était disproportionnée avec cette grande fonction ; mais son savoir et son intelligence l'en rendaient parfaitement digne. »

Son arrière-grand-père, docteur gascon, avait suivi

Henri IV et était devenu son médecin : c'est dire que ses trois fils occupèrent de hautes situations. Le Premier Président descendait du troisième, président à la Chambre des Comptes de Dijon, dont le fils fut conseiller au Parlement de Paris et y jouissait de la réputation légitime d'être un homme d'une haute probité et d'un magistrat des plus consciencieux, mais un peu original.

Une historiette, racontée par Tallément des Réaux dépeint admirablement ce caractère. Rapporteur d'une affaire intéressant la communauté des pâtissiers, il avait conclu en leur faveur et entraîné le vote de la Grand' Chambre. Ces braves gens crurent bien faire pour le remercier, de lui apporter un pâté confectionné avec tout leur zèle. Ils heurtent à la porte et entrent dans la cour ; lui, de son cabinet, les aperçoit et les fait monter. Dès qu'ils ont expliqué le motif de leur visite, en lui présentant leur belle offrande, Portail regarde le pâté, le prend avec grand soin des deux mains, et, comme se parlant à lui-même, il dit entre haut et bas : « M. Portail a rapporté un procès pour la communauté des pâtissiers ; ils ont gagné, et ils font à M. Portail présent d'un gros pâté. » Cela dit, à l'ahurissement des visiteurs, il envoie le cadeau par la fenêtre. C'était peut-être pousser le scrupule un peu loin ; les ordonnances de Philippe de Valois permettaient au juge d'accepter des vivres pour un jour : il est vrai que le pâté était si gros ! !

Le Premier Président, juge aussi intègre que son père, eût admirablement réussi dans sa nouvelle situation, s'il y était parvenu dans un temps moins agité par les passions les plus violentes. La lutte entre Jansénistes et Molinistes se poursuivait à l'état aigu vers 1730. Portail, trop droit et trop sincère pour savoir conduire sa barque au milieu de ces écueils, autant politiques que religieux, resta fidèle aux ordres qu'il recevait du Roi, sans réticences secrètes et sans chercher à les éluder par interprétation. Mille incidents se produisirent qui, dès l'abord, lui aliénèrent ses collègues de la Grand'Chambre ; et le lit de Justice de Louis XV, pour exiger l'enregistrement des lettres patentes reconnaissant la Constitution *Unigenitus* détermina une scission très nette entre lui et sa Compagnie tout entière.

L'opinion publique, rarement équitable parce qu'il lui est difficile de connaître à fond la cause des événements, devient tout à fait injuste envers les hommes au pouvoir quand leur attitude ne flatte pas le courant momentané de ses passions. Un matin, à l'aube, on put lire des placards apposés, par des mains inconnues, sur toutes les portes du Palais. Ils étaient ainsi conçus : « Hôtel à vendre ; les fondements et les dedans sont bons : il n'y a que le *portail* qui ne vaut rien, et le *parquet* est pourri »

Ces luttes ingrates, ces injustices, pourrait-on dire, semblent avoir grandement altéré la santé du Premier. En 1732, atteint gravement par la maladie, il échappa par miracle à la mort ; et, à la vérité, une grande joie se manifesta à la nouvelle de sa convalescence ; on tira même un feu d'artifice dans la cour de la Sainte-Chapelle, et un *Te Deum* fut chanté par les chanoines. Mais chacun pensait qu'il donnerait sa démission : il tint à rester à son poste jusqu'à sa mort, le 2 mai 1736.

Louis Lepelletier de Rosambo, président à mortier, qui devint après lui Premier Président, fut appelé à cette charge, dit Barbier, dans son Journal, « par les vœux du public et du Palais, avant d'avoir été nommé par le Roi ». C'était un érudit, d'une probité exemplaire, et le plus accueillant des hommes. Il avait assisté dans son enfance à cet effondrement de la salle à manger de l'hôtel qui avait tant impressionné son père.

Dans d'autres temps, dans de meilleures conditions de famille, sa réelle valeur de juriste eût pu rendre de signalés services. Malheureusement tout tourna contre lui. Au Parlement, dès la première audience qu'il dut présider, on appela à la barre un procès encore occasionné par la bulle *Unigenitus*.

Le chapitre de Saint-Amé, près d'Arras, avait appelé comme d'abus de l'obligation de reconnaître la Constitution. Une virulente excommunication de l'évêque avait fait rentrer les chanoines dans le devoir, sauf trois ou quatre dont l'un mourut en 1637. Sa nièce demanda à l'ensevelir en terre sainte ; le curé refusa parce qu'il s'agissait d'un hérétique. La pauvre femme obtint de l'enterrer dans son jardin la tête du côté de l'Église et le visage tourné au ciel comme il est d'usage. Ce traitement sembla trop doux aux chanoines, ses anciens frères, qui sans doute. voulurent donner à leur évêque une preuve manifeste de leur repentir ; ils sollicitèrent un permis d'exhumer qui leur fut accordé : ils mirent le corps la tête aux pieds et le couchèrent sur le ventre face à la terre. Cette profanation exaspéra la nièce du défunt qui fit appel au Parlement. Mais au moment où la cause allait être plaidée, l'avocat général se leva pour faire savoir que le Roi évoquait l'affaire en son Conseil.

Le Pelletier, trop heureux sans doute d'éviter des discussions irritantes et inutiles — la grande majorité des conseillers étaient jansénistes — s'empressa de dire que, dans ces conditions, *il n'y avait pas lieu de délibérer*. La susceptibilité de certains membres fut froissée et on nia au Président le droit de décider s'il y avait ou non motif à délibération. C'était un malentendu évident : il suffit pour échauffer les esprits, et huit jours après, la Grand'Chambre rendit gravement un arrêt pour dire que « la Cour continuera à se conformer aux usages et notamment en ce qui concerne le droit et la liberté de délibérer qu'elle a toujours eue ».

C'était là un fâcheux début pour le Premier. Si la situation d'ailleurs se détendit avec ses collègues, elle devint plus difficile dans son intimité où il semble avoir eu à endurer de grands dégoûts. Il décida de se retirer. Il alla à Fontainebleau le 25 septembre 1743 porter lui-même sa démission au Roi, la motivant sur une prétendue surdité qui l'empêchait d'entendre les plaidoiries. Il se réfugia seul en Bretagne, après avoir rendu son douaire à sa femme et laissé une belle avance d'hoirie à son fils, président à mortier.

Le Pelletier de Rosambo eut l'occasion d'apporter d'heureuses améliorations à l'hôtel. Il profita de l'incendie de la

Cour des Comptes en 1737 pour agrandir le jardin, du côté du quai des Orfèvres, en obtenant la suppression des deux chapelainies de la Sainte-Chapelle qui y étaient installées, sur la rue de Jérusalem, et en remplaçant les restes des vieux murs de clôture par une belle grille qui existait encore au temps de Napoléon III. A l'autre bout de l'immeuble, du côté des communs, il fit procéder à des réfections pendant les travaux entrepris pour la restauration de la salle Saint-Louis et de la Galerie des Peintures. Il créa des écuries pour vingt-quatre chevaux, des remises pour carrosses, une forge, des magasins à fourrages et des logements pour les serviteurs attachés à la basse-cour. Les plans de ces nouveaux aménagements existent encore aux Archives Nationales.

Après lui commence à apparaître la lignée des Maupeou qui exerça une si grande influence sur la fin du règne de Louis XV. René Charles Maupeou débuta comme conseiller au Parlement ; en 1717 président à mortier, il devint Premier Président en 1743. En lisant les mémoires du temps, on ne peut s'empêcher de penser que, s'il était intrigant et ambitieux, il savait cependant charmer quand il le voulait, et par son extérieur et par son esprit. Il avait les dons nécessaires pour réussir dans une Cour où dominaient les femmes. Barbier dit, il est vrai, « qu'il était mangé de goutte. ce qui était une grande incommodité ». Mais ce mal ne l'a pas empêché de rester chef du Parlement pendant dix-sept années et de mourir à l'âge de quatre-vingt-sept ans, après avoir été chancelier de France.

Que son dévouement au Roi fût sans limites ; que l'on ait pu l'accuser dans des libelles d'avoir trahi ses collègues, avec l'exagération habituelle des périodes troublées, il n'y a rien là de surprenant : il n'était pas riche, ou plutôt il ne l'était pas suffisamment pour satisfaire à ses prodigalités vaniteuses. Il avait la gloriole du faste, sans avoir personnellement les moyens de la soutenir ; mais, avec cette circonstance atténuante, peut-être, que cette vie d'apparence somptueuse était indispensable de son temps pour parvenir aux grands honneurs qu'il ambitionnait. De plus, il eut, dès l'abord, de lourdes dépenses à supporter : 200.000 l. pour la lettre de retenue de son prédécesseur ; 150.000 l. pour les meubles, les équipages et la vaisselle d'argent ; puis, vinrent les réceptions, les dîners, les fêtes non seulement aux membres du Parlement qui, alors, semble-t-il, fréquentaient peu la Première Présidence, mais surtout au monde de la Cour, à ceux qui pouvaient lui être utiles pour les intrigues de l'avenir... car il prévoyait de loin. Aussi dut-il recourir souvent à la cassette royale pour éteindre tout au moins des dettes criardes. D'Argenson qui ne l'aimait pas, et qui le laisse bien voir dans son journal, dit qu'à son audience, chez lui, les créanciers étaient plus nombreux que les plaideurs.

Certes, d'Argenson, ajoute encore qu'il mécontenta souvent ses collègues du Parlement et qu'il en était haï. De quelques-uns, et dans les premières années, c'est très vraisemblable : des fanatiques dans un sens ou dans l'autre, jansénistes ou jésuites. Mais il y avait aussi la grande masse qui ne craignait pas de « courir le sac [1] ». Ceux-là disaient peut-être du mal en arrière, mais se montraient obséquieux par devant.

Somme toute, il a dirigé le Parlement pendant dix-sept ans, tout en ayant un appartement à Versailles, faveur qui fut instituée pour lui et dont il usa largement.

Quand toute possibilité de conjurer une scission était perdue, comme lors du nouvel exil de la Grand'Chambre à Pontoise (1753), occasionnée par l'attitude sectaire de l'archevêque de Paris, dans le refus des sacrements aux anticonstitutionistes, il partait à la tête de ses collègues et présidait leurs audiences au couvent des Cordeliers, les hébergeait, leur offrait de bons repas, usait en un mot leur mauvaise humeur, tout en restant dans les meilleurs termes avec la Cour qui le défrayait par de précieux subsides.

Il eut même, au retour triomphant de cet exil, la satis-

---

1. C'est-à-dire les sacs des procès qu'ils souhaitaient rapporter pour toucher les épices et dont le Premier était le grand distributeur.

faction de voir vendre dans la Grand'Salle, chez les libraires, une gravure représentant une médaille : à l'avers, comme pour les Apôtres à la Pentecôte, le Saint-Esprit, placé au sommet, laissait cheoir des langues de feu sur la tête des magistrats en robe, tandis que Jésus-Christ les recevait et prenait les mains au Premier Président ; au revers, l'archevêque de Paris, bien désigné par ses armes, ayant à ses genoux l'Envie, était embrassé par la Discorde, tandis que la foudre lui tombait sur la tête.

C'est à la suite de cette lutte dont le Parlement sortit vainqueur que survint à Maupeou cette singulière aventure dont il sut se tirer avec tant d'adresse moqueuse.

La duchesse de Villars, ancienne coquette devenue bigote, l'alla trouver et lui dit que, puisque le Parlement se mêlait à présent du spirituel, elle venait à lui pour lui demander la permission de manger des œufs au prochain carême. Sans se démonter, Maupeou lui répondit qu'il en parlerait à sa Compagnie auprès de laquelle il avait quelque crédit et qu'en même temps, pour lui être agréable, il écrirait aux Petites Maisons (l'asile des aliénés) où l'on vendait beaucoup d'œufs.

Toutefois les doubles jeux ne peuvent réussir indéfiniment. Dès 1756, Maupeou sentit fléchir le terrain sur lequel il évoluait avec tant de souplesse. Si non le Roi, la Cour lui reprochait son manque de fermeté. Dans le public, on avait été froissé de le voir accepter une pension de six mille livres lors de la condamnation de Damiens. Auprès de ses collègues, il était véritablement discrédité à ce moment ; on croit même que l'un d'eux fut l'auteur du fameux quatrain :

> C'est à moi qu'est la Chancellerie !
> Qui pourrait me la disputer ?
> On sait que j'ai, pour l'acheter,
> Vendu ma Compagnie.

Il dut démissionner en 1757. On suppose que Louis XV le sacrifia pour complaire au Parlement ; mais il le nomma président honoraire avec une pension de 40.000 l.

Cependant l'ambition de Maupeou n'était pas satisfaite : il attendit en silence l'occasion propice. Elle se présenta avec le départ forcé de Lamoignon de Blancmesnil qui rendit les Sceaux, mais refusa de donner sa démission de chancelier, charge inamovible. La difficulté fut tournée : on nomma Maupeou vice-chancelier. Comme on demandait à un grand seigneur ce qu'il pensait de cette nomination : « Rien de changé, dit-il ; il n'y a qu'un vice de plus dans le Royaume. » Enfin Lamoignon se décida à renoncer à son titre en 1768. Maupeou fut chancelier pendant vingt-quâtre heures, puis il céda la place à son fils. Il mourut en 1775.

Mathieu François Molé de Champlatreux lui avait succédé comme Premier Président. Il était fort riche et descendait du grand Mathieu Molé ; mais il était loin de l'égaler. Le portrait que trace de lui d'Argenson est cinglant : « Il n'y a que son nom et ses richesses dont on dise du bien ; de son cœur, il n'y a pas grand bien à dire. Mais pour son esprit et sa science, c'est grand'pitié. Il n'a aucune contenance ; il est dandin ; il est inquiet, disgracieux, ne peut tenir en place. Il est d'une ignorance singulière. Il n'est donc ni homme du monde, ni homme de cabinet. Qu'en faire ? »

Certes, il faut, lorsqu'on consulte les écrits des mémorialistes du XVIIIe siècle, se rappeler qu'il y avait toujours à la Cour deux clans de politique, ou plutôt d'appétits, et se demander auquel des deux appartenait l'écrivain et celui dont il parle. A ce moment les deux chefs étaient d'un côté, Mme de Pompadour, de l'autre Choiseul. Ce dernier était l'ami des deux frères d'Argenson ; et Molé était une des créatures de la marquise : de là le venin. Le Premier Président n'était pas un aigle ; mais il avait un nom difficile à porter dans sa carrière. Il ne fut pas plus mauvais magistrat que bien d'autres, au point de vue professionnel, et, certainement, on n'eut pas à lui reprocher de ce chef de malpropres compromissions.

D'ailleurs il ne fut jamais sympathique. Il usait des hauteurs irritantes qu'ont accoutumées les parvenus riches ;

ceux-là surtout qui auraient tout intérêt à faire oublier l'origine de leur fortune. Or, Molé étant président à mortier, avait épousé avec une dot de douze cent mille livres, une des trois filles de Samuel Bernard, ce financier, plusieurs fois millionnaire et plusieurs fois failli. Ce mariage fut même célébré avec une pompe et une ostentation qui parurent scandaleuses. La malignité publique s'en vengea par ces vers qui coururent les ruelles :

> O temps ! ô mœurs ! ô siècle déréglé !
> Où l'on voit déroger les plus nobles familles :
> Lamoignon, Mirepoix, Molé,
> De Bernard épousent les filles,
> Et sont les recéleurs du bien qu'il a volé.

Il n'eut jamais, il est vrai, grande influence ni au Parlement, ni dans le public : il était plutôt méprisé. Mais à la Cour, il en était autrement. Outre la maîtresse du roi, il avait comme soutien le duc de Brissac à qui il avait marié sa fille et ce fut lui-même qui, lors du procès pour la suppression des jésuites, présenta au roi le gros cahier des extraits de leurs doctrines sur lesquelles fut basée leur condamnation.

Il n'en fut pas moins obligé de donner sa démission en novembre 1763.

René-Nicolas-Charles de Maupeou devint Premier Président en même temps que son père était appelé aux fonctions de vice-chancelier. Il ne lui ressemblait guère physiquement. « Petit, le teint bilieux, sans figure et sans gravité ; yeux vifs, perçants et durs ; sourcils très noirs », voilà son signalement d'après Barbier ; « au moral, beaucoup d'ambition, peu de préjugés, pas de scrupules, un grand talent d'intrigue qu'il tenait de naissance, une force de volonté remarquable et une persévérance inflexible. »

Lors de son élévation, était à son paroxysme la lutte entre les deux pouvoirs, qui commença avec l'avènement des Bourbons. D'un côté, le Parlement aspirait à contrôler tous actes administratifs et financiers du gouvernement, sans en avoir aucun droit, mais avec l'assentiment évident de l'opinion publique. De l'autre, pour être plus libre dans son bon plaisir, le Roi ne voulait permettre aucune atteinte à son autorité. Le temps était passé où Maupeou le père pouvait se livrer, avec une facilité d'équilibriste consommé, à un jeu de bascule qui, pendant longtemps, trompa les intéressés. Le moment était venu où il fallait se déterminer à être le chef d'une Compagnie en révolte ou à se dévouer à la Couronne pour en faire un pouvoir despotique.

Maupeou n'eut point d'hésitation et, pendant les cinq années qu'il resta à la tête du Parlement, il prépara les voies de l'avenir : on le soupçonne même d'avoir collaboré au discours prononcé par Louis XV le 3 mars 1766, dans le lit de Justice tenu dans la Grand'Chambre, à la « séance de la flagellation » comme on l'appela alors, pour défendre aux Parlements de se fédérer, et dans laquelle il leur rappelait qu'ils n'étaient dans l'État que l'émanation du Roi à qui ils devaient obéir, et que leur unique fonction était de rendre la justice.

Maupeou savait bien que le Parlement ne céderait pas et, lorsqu'en 1768, il devint chancelier, il se disposa à exécuter ses projets qui reposaient en réalité, sur le grand principe de la séparation des pouvoirs législatif et judiciaire et tendaient à la suppression de la vénalité des charges. Si Louis XV, dont Maupeou, aidé de Mme Dubarry, eut le talent de galvaniser la volonté, avait vécu quelques années encore, il est probable qu'envers et contre tous la ténacité du chancelier eût imposé sa réforme.

D'ailleurs quand Louis XVI se sépara de lui, Maupeou refusa obstinément de donner sa démission de chancelier. « Si je suis coupable, qu'on me donne des juges », disait-il, et quand il apprit le retour des Parlements, il se contenta de hausser les épaules : « Si le Roi veut perdre la couronne, il en est bien le maître. » Il n'eût jamais admis que, pour être complète, la séparation des pouvoirs exigeait aussi que l'exécutif ne fût pas confondu avec le législatif et que plus le pouvoir est absolu et discrétionnaire, plus il a besoin d'un frein : les premiers Valois l'avaient bien compris.

Pendant ce temps l'hôtel de la Première Présidence était occupé par un homme d'une parfaite correction d'allures, magistrat d'une capacité et d'une intégrité incontestées, réfractaire d'ailleurs aux idées nouvelles qui bouillonnaient dans la société d'alors, mais probe envers lui-même et mettant sa conduite en accord avec ses principes : Étienne, François d'Aligre de Maran. Il avait à peine quarante-deux ans.

Lorsque Maupeou déclara le 20 janvier 1771 vacants et confisqués les offices des membres du Parlement et que dans la nuit suivante, il envoya des mousquetaires porter à chacun d'eux la lettre de cachet qui l'exilait loin de Paris, par une circonstance fortuite, d'Aligre fut oublié. Dès le lendemain, il écrivit au Chancelier : « Je ne sais pas, Monsieur, par où j'ai mérité l'humiliante distinction que vous avez mise entre mes collègues et moi. Si vous avez cru que mes sentiments étaient différents des leurs, vous vous êtes trompé ; je suis attaché comme eux aux maximes de l'État, aux principes et aux sentiments de la Compagnie. »

Il fut immédiatement exilé dans sa terre de Tuy, en Normandie, privé de sa charge et de son billet de retenue de 100.000 l.

C'est à l'intendant de la généralité de Paris, ancien conseiller au Parlement, il est vrai, que Maupeou confia le soin de diriger sa nouvelle cour de Justice. Bertier de Sauvigny prit en effet possession de l'hôtel de la Première Présidence et du siège à la Grand'Chambre ; mais il n'abandonna pas ses fonctions antérieures, et il crut, comme tout autre l'eût pensé à sa place, agir en homme prudent ; sa nouvelle charge était peu assurée, et, en tous cas elle rapportait un maigre traitement (50.000 l.) en comparaison des beaux revenus que lui valaient son intendance. Et cependant ! s'il avait pu lire dans l'avenir ! S'il n'avait pas tenu à rester le pourvoyeur de l'alimentation publique, peut-être n'aurait-il pas été massacré en Grève, le 23 juillet 1789, par des gens affamés qui l'accusèrent, à tort, sans aucune preuve, d'accaparer les blés et de spéculer sur la misère publique.

D'Aligre reprit son poste et son ancienne demeure dès le rappel du Parlement sous Louis XVI.

Il eut à subir les conséquences de l'incendie de 1776 qui gagna jusqu'aux cuisines de la Première Présidence.

Couture, architecte du Palais à cette époque, s'occupa de suite du plus pressé. Une note de lui, qui existe encore aux Archives Nationales, indique qu'il établit d'urgence des cuisines provisoires. Cette décision était indispensable ; car, profitant du sinistre, on mit à exécution un projet antérieur pour l'agrandissement de la prison et la reconstruction du Palais. Les cuisines susdites devinrent alors mitoyennes du nouveau quartier de la Conciergerie destiné aux femmes, dont la cour prit la place de celle des enfants de chœur de la Sainte-Chapelle, agrandie par la démolition de la tour Montgomery.

Le Premier Président à la même époque, fit faire quelques modifications dans l'Hôtel et doter les jardins d'un nouveau réservoir (1778).

D'ailleurs d'Aligre était revenu d'exil aussi entier dans ses idées qu'auparavant. Adversaire irréconciliable de tout essai de réformes qui pût nuire à la noblesse d'épée et de robe, il s'associa en toute conscience, et croyant agir au mieux des intérêts de l'État, à l'opposition systématique que fit sa Compagnie aux tentatives du premier ministère de Necker et de Malesherbes. S'il ne pouvait repousser l'idée de la convocation des États généraux, née dans le Parlement lui-même comme le seul moyen de sortir des embarras financiers, il ne voulait pas que le Tiers-État pût y faire triompher ses légitimes revendications, selon lui, détestables — ; le vote par classe le rassurait à peine. Mais le projet d'une haute Cour des pairs qui aurait eu dans ses attributions l'enregistrement des édits et qui décapitait le Parlement en le réduisant au simple rôle d'une cour de justice, lui causa la déception suprême qu'il ne put supporter. Il demanda une audience particulière à Louis XVI à laquelle devait assister Necker. Il leur donna lecture d'un mémoire dans lequel il signalait le danger d'une réunion des États généraux telle qu'on la concevait, donnant au tiers-état une représentation double de celle des deux autres ordres et les conséquences, néfastes, à son point de vue, de l'abaissement du Parlement. Il concluait en pronostiquant de terribles maux pour la Couronne. Ses deux auditeurs lui laissèrent achever sa lecture sans l'interrompre, et, lorsqu'elle fut terminée, restèrent silencieux. D'Aligre comprit et remit sa démission (1788).

Conséquent avec lui-même, il réalisa sa fortune et la mit en sûreté en Angleterre. Il fut des premiers émigrés ; puis il alla rejoindre les princes à Coblentz, en leur apportant quatre cent mille livres de subsides. Il mourut à Brunswick en 1798.

Déjà depuis huit ans à cette date, le Parlement avait disparu. De ces deux derniers Premiers Présidents, l'un, Louis Lefèvre d'Ormesson, qui comptait parmi ses ancêtres saint François de Paule, ne resta en fonctions que quelques mois et ne prit pas possession de l'Hôtel ; l'autre en fut le dernier occupant, Bochard de Saron. Cet astronome remarquable, ce philosophe d'une âme si fortement trempée, eut une mort digne des stoïciens.

Depuis que l'assemblée nationale avait décidé la réorganisation complète de l'administration de la Justice, elle avait fait défense aux parlements de se réunir, seule la Chambre des vacations devant siéger pour résoudre les affaires urgentes. Cette sorte de tribunal provisoire était présidé à Paris par Le Pelletier de Rosambo, le petit-fils de l'ancien Premier Président : lui et ses collègues, d'ailleurs, n'acceptèrent cette mission que dans l'intérêt supérieur de l'État et à la condition qu'ils ne toucheraient aucune rémunération : ni traitement, ni épices. Quand la suppression des Parlements devint définitive (7 septembre 1790), la chambre des vacations de Paris, se considérant toujours comme une émanation de la Grand'Chambre et n'ayant nullement conscience des transformations profondes qui se produisaient dans les institutions du pays, protesta, non pas publiquement, mais par un écrit qui devait rester secret, n'être remis au Roi qu'en temps opportun et servir ainsi de sauvegarde aux prétendus droits du Parlement imaginés intangibles et imprescriptibles. Cet écrit devait prouver que le Parlement n'avait pas accepté sa suppression, qu'il avait cédé seulement devant la force, ne pouvant agir autrement et que, par conséquent, *il n'y avait pas fait acquis* (!). Tant la forme, dans ce qu'elle a de plus futile, avait encore d'empire sur certains esprits !

Rosambo garda cette protestation par devers lui. Il avait prié sa femme, dans le cas où il viendrait à mourir, de la confier au plus ancien des membres du Parlement, encore en vie à ce moment-là, et dont il avait écrit les noms sur la suscription : précaution néfaste !

Quand Rosambo fut arrêté, une perquisition dans ses papiers fit découvrir l'écrit involontairement dénonciateur de toute une série de magistrats. Le nom de Bochard de Baron était en tête de la liste. Il fut enfermé en décembre 1793 à la Force d'abord, puis à la Conciergerie où il continua ses calculs astronomiques, comme s'il eût été dans son cabinet. Lui et vingt et un de ses collègues furent renvoyés devant le tribunal révolutionnaire, présidé par Coffinhal, siégeant dans la salle Saint-Louis, devenue salle de l'Égalité. Ils étaient accusés « d'avoir méconnu la liberté et la souveraineté du peuple et tenté de ramener le régime de la tyrannie ».

On était au 1ᵉʳ Floréal an II.

L'audience fut émouvante.

Après la lecture de l'acte d'accusation, Rosambo exprima à ses collègues sa douleur de les avoir entraînés dans sa perte. « Je vous rends grâces, lui répondit Bochard de Saron, et je vous remercie de la confiance dont vous m'avez honoré et que je me serais efforcé de mériter en ne cessant de vous prendre pour guide. »

Tous les accusés adhérèrent à ses paroles.

Lorsque Coffinhal demanda à Rosambo ce qu'il voulait faire de la protestation : « La remettre, avant de mourir, au plus ancien de la Compagnie » et, après lui, tous les co-accusés opinèrent comme s'ils prenaient part à quelque délibéré dans leur ancien prétoire : *Et moi aussi*, répondirent-ils, l'un à la suite de l'autre, avec le plus grand calme et la même dignité.

Trois heures après leur condamnation, ils étaient exécutés.

Quel que soit le jugement que l'on porte sur ces anciens magistrats ; que l'on traite de préjugés ou de vaines ambitions leurs sentiments si différents des nôtres, il est impossible de ne pas s'incliner avec respect devant des caractères si fermes dans leurs convictions, devant leur fin si grandiose dans sa simplicité.

Telle est l'histoire de cette splendide demeure qu'il a fallu compléter, en essayant d'esquisser la silhouette morale des hôtes qui l'ont habitée et embellie.

Toute comparaison entre ces hommes et leurs devanciers, comme Premiers Présidents aux XIVe et XVe siècles, serait fausse et injuste. On ne saurait mettre en parallèle des personnages ayant vécu dans des temps si différents par l'esprit, les us et les coutumes. On ne peut cependant s'empêcher de penser que Simon de Buci et Jean de la Vacquerie ont compté parmi les plus grands chefs du Parlement ; que le premier n'était pas riche, et le second, démuni de tous biens, habitait une petite maison rue de l'Hirondelle ; que ni l'un ni l'autre n'auraient pu, faute de ressources, au temps de Louis XIV et de Louis XV, devenir de simples conseillers en la Cour et, encore moins, user du somptueux hôtel des Premiers Présidents ; car pour occuper l'emploi et résider dans ce Palais, il était indispensable de jouir d'une fortune telle que l'on pût « soutenir le rang » comme on disait alors.

Mais c'est une raison de plus pour nous d'éprouver une profonde admiration à l'égard des magistrats comme Achille Ier de Harlay, Verdun, Mathieu Molé, G. de Lamoignon, les Portails, les Le Pelletier de Rosambo, d'Aligre,

Bochard de Saron, qui malgré leurs riches patrimoines, surent se montrer dignes des hautes fonctions, à eux confiées, par leur grande science juridique, le scrupuleux accomplissement de leurs devoirs et la pureté de leur vie.

Quant à l'édifice lui-même, rien ne nous le rappelle aujourd'hui. Avec la Révolution, il changea de destination : le 9 avril 1791, sur le rapport de Prugnon, à l'Assemblée Nationale, le Directoire départemental s'y installa ; puis, quelques mois après, céda la place à la municipalité de Paris. Plus tard, il abrita la Préfecture de Police qui le démolit pour s'agrandir.